Pregunta esencial
¿Qué nos lleva a realizar un sueño?

Quiero montar a caballo

Vivienne Joseph
ilustrado por Stephen Templer

Capítulo 1

Sueños

Mi nombre es Ángela y amo a los caballos. Este es el relato de adónde me ha llevado mi amor por los caballos.

Siempre había soñado que tenía un caballo. Es un sueño ambicioso. Era una yegua a la que llamaba Princesa del Amanecer porque tenía un hermoso color gris plata, como el cielo de una mañana de bruma. En mis sueños, galopábamos durante horas y ella obedecía cada orden con un suave relincho.

Me encantaba dejar volar mi imaginación cuando hacía dibujos de Princesa del Amanecer. Cuando los terminaba, los colgaba en las paredes de mi alcoba junto con todos los carteles y las fotografías de caballos que he coleccionado.

Mi biblioteca estaba llena de libros sobre caballos y había memorizado los nombres de las partes del caballo, como el ijar y la cruz. También sabía mucho de las diferentes razas de caballos, lo que hace que cada raza sea distinta, o especial. Todo me interesaba.

Aunque estaba loca por los caballos, nunca había cabalgado uno. Quería aprender a montar más que nada en el mundo, pero no estaba segura de adónde ir o cómo inscribirme. Un día estaba hablando con Danilo, mi hermano mayor, sobre mi sueño de aprender a montar a caballo.

—¿Por qué no buscas en internet algún club ecuestre que esté por aquí cerca? Mira qué puedes averiguar —sugirió él.

Encontré que el Club Ecuestre La Silla de Montar era el más cercano, pero cuando le mostré a mamá la información, frunció el ceño.

—Está muy lejos —dijo—. Además, pienso que eres muy joven.

Ella sonrió disculpándose, pero no le respondí. Fui a mi alcoba, traje algunos libros y le mostré fotografías de niños montando a caballo, pero ella sacudió la cabeza y cambió de tema.

Cuando le conté a Danilo lo ocurrido, me explicó que quizá mamá estaba preocupada por el costo de las lecciones. Yo no había pensado en eso.

—Yo podría ahorrar para las lecciones —respondí.

Danilo elevó dudoso una ceja.

—Te tomaría siglos ahorrar lo suficiente, y mamá tendría que estar de acuerdo.

Aunque sabía que Danilo tenía razón, probablemente esa no era la única preocupación de mi mamá. Desde el accidente de Danilo, ella había estado preocupada por nuestra seguridad. Tal vez pensó que me lastimaría como él. Temblé al recordar cuando él se estrelló en la bicicleta y estuvo en el hospital.

Me había sentado con mis papás al lado de la cama de Danilo mientras él nos contaba sobre el accidente y cómo su llanta trasera se había deslizado sobre algo resbaloso.

"Apreté los frenos con fuerza, pero caí al suelo en un instante", había dicho.

Me imaginé a Danilo volando sobre el manubrio y rompiéndose el brazo.

Cuando el brazo sanó, Danilo estaba de regreso en su bicicleta haciendo todo lo que solía hacer antes del accidente. Sin embargo, desde aquel entonces me habían prohibido ir a la escuela en bicicleta. Mamá dijo que debía esperar a que tuviera la edad de Danilo; desde ese día, debo tomar el autobús todas las mañanas con mi amiga Silvia.

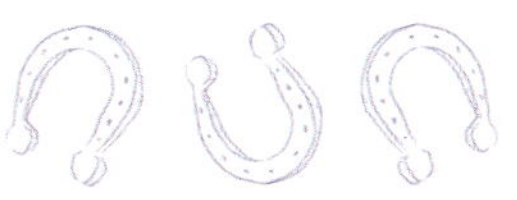

Al día siguiente, en el autobús, le conté a Silvia lo que mamá me había dicho sobre el club ecuestre.

—¡No es justo! —me quejé—. Probablemente, ella piensa que también me caeré del caballo y me lastimaré.

—Anímate —dijo Silvia—. Recuerda que hoy vas a mi casa después de la escuela. Podemos jugar a saltar obstáculos con Héroe. Aunque no sea un caballo, Héroe puede saltar.

Silvia sonrió. Yo sonreí descorazonada.

—Sí, grandioso.

Traté de parecer entusiasta, pero la verdad, para mí un perro nunca podría ser tan emocionante como un caballo. El perro de Silvia era tierno, pero no se parecía a un héroe de verdad. Además, tampoco saltaba muy alto.

Detective del lenguaje Busca una conjunción adversativa en esta página.

Capítulo 2

Hacer un plan

El lunes siguiente en la escuela, fui a la biblioteca a devolver mis libros. La señora Murphy, la bibliotecaria, me saludó con entusiasmo desde su escritorio.

—Hola, Ángela. Acaba de llegar un libro nuevo y pienso que te podría interesar —dijo, entregándomelo.

Lo primero que noté fue que el caballo de la portada era gris, y lo segundo, que la niña que sostenía las riendas tenía mi edad. Durante el almuerzo encontré un lugar tranquilo y comencé a leer.

No podía soltar el libro. El lunes y el martes leí cada minuto que tuve libre, incluso cuando iba en el autobús.

—¿De qué se trata el libro? —preguntó Silvia.

—Es sobre una niña, Melody, vive en una granja y tiene un poni llamado Estrella. Un día su mamá le dice que deben irse de la granja y que tienen que buscar otro hogar para Estrella.

—Interesante —dijo Silvia, pero yo sabía que ella preferiría leer algo sobre perros.

El miércoles, después del almuerzo, leí el último capítulo, escondida en un rincón de la biblioteca. En la última página, Estrella murió.

Estaba abrumada por la emoción, y la tristeza del final del libro se igualaba a lo que sentía por no poder tomar lecciones de equitación.

Cuando cerré el libro, dos lágrimas enormes cayeron sobre la cubierta y me di cuenta de que la señora Murphy me miraba desde el otro lado de la sala de lectura. Sentí vergüenza de que me viera llorando, pero no podía evitarlo.

—Toma —dijo dándome una caja de pañuelos—. No pensé que el relato te afectaría tanto.

Le conté que quería aprender a montar a caballo.

—Pienso que nunca podré hacerlo —dije.

—Sé cuánto amas a los caballos, Ángela. ¿Has hablado con tus padres al respecto? —preguntó la señora Murphy.

—Mamá piensa que soy demasiado joven y mi hermano dice que el costo de las lecciones y del equipo no están a mi alcance.

La bibliotecaria se quedó pensativa por unos momentos y me indicó que la siguiera hasta su escritorio.

—Ángela, ¡los sueños se pueden hacer realidad con esfuerzo y persistencia! —dijo la señora Murphy.

—Supongo que algunas veces es cierto, pero no veo cómo puede ocurrir con el mío —respondí—. Hay muchos obstáculos.

La señora Murphy sacó papel y lápiz.

—Tienes una meta ambiciosa y hacer un plan con pasos específicos te puede ayudar a conseguirla. ¿Qué encontraste sobre las lecciones en tu búsqueda en internet?

Le conté sobre el Club Ecuestre La Silla de Montar.

—Bueno, es una coincidencia porque mi amiga administra la tienda de mascotas del centro comercial y es miembro del club. Puedes ir un día después de la escuela y preguntarle, estoy segura de que te dará bastante información.

—¡Qué buena idea!, yo conozco esa tienda de mascotas —dije emocionada.

La señora Murphy escribió en mi libreta: "Hablar con la señora Miller en la tienda de mascotas del centro comercial".

—¿Sabes? No hace mucho tiempo, mi meta era ser bibliotecaria —dijo sonriendo—. Era mesera y no era fácil volver a estudiar, pero como puedes ver, lo logré. Tracé un plan y me ceñí a él.

Silvia se emocionó cuando le conté sobre la señora Miller.

—¿Puedo ir? —preguntó—. Podría comprar algo para Héroe.

Esa tarde le pedí permiso a mamá para ir al centro comercial con Silvia, después de la escuela. Mamá accedió.

Capítulo 3

Un aliado inesperado

Cuando Silvia y yo entramos al almacén vimos jaulas y corrales organizados en repisas a lo largo de las paredes. También había juguetes, golosinas y cepillos. Mientras Silvia miraba todo alrededor, me acerqué a la señora Miller, que estaba detrás del mostrador.

—Hola —dijo con voz amable—. ¿En qué te puedo ayudar?

Respiré profundamente.

—La señora Murphy me sugirió que viniera a hablar con usted sobre el Club Ecuestre La Silla de Montar porque yo amo a los caballos y quiero aprender a cabalgar —le expliqué.

La señora Miller movió la cabeza como si hubiera escuchado eso antes.

—Es maravilloso que ames a los caballos, pero para aprender a cuidar un caballo de verdad se necesita mucho más que amor por los caballos. La mayoría de los niños no se dan cuenta de todo lo que se requiere.

Sentí que mi cara ardía.

—Estoy dispuesta a aprender —dije.

—Hay mucho más con respecto a los caballos que montarlos —contestó la señora Miller—. Aprender a montar a caballo no es fácil, pero cuidar a un caballo y su equipo es mucho trabajo —respondió haciendo un gesto—. Además, no podemos olvidar la olorosa tarea de limpiar las caballerizas.

—Pero estoy dispuesta a hacer todo eso —dije, mientras sentía un nudo en la garganta y las lágrimas se acumulaban en mis ojos.

Había un cliente esperando y la señora Miller no pudo hablar más.

—Vuelve cuando quieras —dijo la señora Miller y se dio vuelta para atender al cliente.

—No creo que me haya tomado en serio —le dije a Silvia cuando salimos de la tienda.

—Cuando yo quería un perro —dijo Silvia en tono reflexivo—, tuve que prometer que me responsabilizaría de su cuidado. En ese momento no me di cuenta de todo lo que eso significaba: cepillar, alimentar, pasear y recoger el desorden, incluso cuando prefiero ir a jugar con mis amigos. Algunas veces desearía no tenerlo —dijo sacudiendo la cabeza.

Yo la miré sorprendida.

—¿De verdad?

Silvia se rió.

—No, ¡solo cuando me siento egoísta!

Mientras caminábamos hacia la estación del bus, pensé en lo agradecida que estaba de tener a una buena amiga como Silvia.

En casa miré el plan que había escrito con la señora Murphy. "Persistencia", había escrito ella. Busqué en el diccionario: "Seguir adelante, incluso frente a las adversidades".

"Bueno, puedo ser persistente", pensé.

Detective del lenguaje **Busca una conjunción coordinante en esta página.**

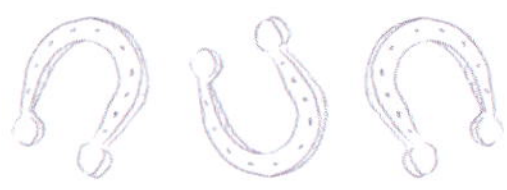

El lunes siguiente, Silvia y yo volvimos a la tienda de mascotas y la señora Miller nos reconoció y sonrió.

—La señora Murphy me llamó —dijo—, para asegurarme que eres una niña trabajadora y confiable.

Silvia me codeó sonriendo.

—Ángela, si tus padres están de acuerdo te llevaré al club ecuestre la próxima vez que vaya... si te interesa, claro.

Silvia y yo saltamos de alegría al salir del centro comercial. ¡Iba a ir al club ecuestre!

Sin embargo, cuando llegué a casa, le conté a mi mamá la buena noticia, pero ella frunció el ceño. Yo le di un papel con el número telefónico de la señora Miller.

—Mamá, por favor, llámala —supliqué—. Por favor.

Danilo estaba haciendo un emparedado en la cocina, se volteó y me sonrió cuando entré.

—Así que, parece que has estado ocupada, hermanita —dijo.

Mamá sacudió la cabeza.

—Aún no estoy segura de permitir que montes a caballo. No estoy convencida de que sea seguro.

Sentí que de nuevo los ojos se me llenaban de lágrimas, y fue entonces cuando Danilo me defendió.

—Mamá, esta es una estupenda oportunidad para que Ángela descubra si montar a caballo es realmente lo que quiere. Ellos usan equipo de seguridad y estoy seguro de que tendrá excelentes instructores —dijo mi hermano.

¡Funcionó! Mamá llamó a la señora Miller y, esa noche, ella y papá lo hablaron. Después de analizarlo, me dieron permiso para ir al club ecuestre con la señora Miller, el sábado siguiente.

Capítulo 4

Club Ecuestre La Silla de Montar

Transcurrió la semana y por fin llegó la mañana del sábado. Me encontré con la señora Miller en su tienda del centro comercial y le ayudé a cargar las cajas y el equipo en su camioneta. En el trayecto, la señora Miller paró a recoger a sus amigas, Ana y Sally.

—¡Te va a encantar el club! —dijo Sally—. Las dos comenzamos a montar a tu edad y lo hacemos desde entonces —explicó señalando a Ana y a sí misma.

Ana se rió.

—¡Nos encantaban los caballos y aún nos encantan!

Charlamos todo el camino, y muy pronto llegamos a una carretera sin pavimentar. La camioneta atravesó un portón grande que tenía un letrero que decía "Club Ecuestre La Silla de Montar", yo salté tan pronto se detuvo.

—Ven a conocer a mi caballo Príncipe —dijo la señora Miller.

Príncipe relinchó en su corral cuando nos acercamos.

—Hola, Príncipe —la señora Miller lo llamó con suavidad—, esta es Ángela.

Me indicó que me acercara y me puso un terrón de azúcar en la mano.

—Puedes dárselo si quieres. Debes mantener la mano bien abierta.

Príncipe resopló en mi mano, haciéndome cosquillas con su aliento, y tomó el azúcar.

—Ahora, dale palmadas en el cuello —me enseñó la señora Miller.

Antes de darme cuenta estaba dándole palmadas a un caballo de verdad, cálido, musculoso y con olor a heno, mientras él me miraba con sus ojos grandes y marrones.

—Aquí es donde comienza el trabajo duro —explicó la señora Miller y le cepilló el pelaje hasta que brilló, luego lo acarició y sonrió con satisfacción.

—Ahora revisaré bajo los cascos —dijo—, para asegurarme de que no haya ninguna piedra.

Usó una herramienta llamada limpiacascos y con cuidado limpió cada casco.

La señora Miller me pidió que le llevara la mantilla y la puso sobre la espalda.

—Ahora la montura.

Observé cómo apretaba la cincha, es decir, la correa que sostiene la montura para que no se deslice. Cuando tuvo la brida puesta, ella sacó a Príncipe del establo. ¡Se veía majestuoso!

Sally y yo fuimos a observar a la señora Miller empezar su rutina de práctica.

—Este club es fantástico —dijo Sally—, les permiten a los niños pasar tiempo con los caballos a cambio de horas de trabajo en las caballerizas. Incluso, algunas veces, les dan una lección gratis.

—¿De verdad? —mi voz chilló con emoción.

—Eso no es todo: el club también vende equipos usados, lo que te permite ahorrar mucho dinero —dijo Sally.

Detective del lenguaje

Busca en esta página una conjunción copulativa.

Sally y yo observamos cómo Príncipe trotaba hacia un obstáculo. Sus piernas se movían rítmicamente y sus orejas estaban levantadas. Tan pronto llegó al obstáculo, vi que la señora Miller se inclinaba hacia delante para que la espalda de Príncipe tuviera poco peso. Contuve la respiración cuando Príncipe tomó impulso, saltó sobre el obstáculo, aterrizó suavemente al otro lado y siguió al galope.

—¡Buen salto! —gritó Sally. Luego se volteó hacia mí—. Es muy impresionante, ¿verdad? ¿Te gustaría montar así algún día?

—¡Sí! —dije tan fuertemente que hice reír a Sally.

Mi corazón latía con fuerza mientras me recostaba contra la baranda y miraba desde ahí hacia la pista de salto. No podía dejar de pensar que algún día (si trabajaba duro), ¡esa podría ser yo!

De regreso a casa, estaba ansiosa por contarle a mamá, a la señora Murphy y a Silvia sobre el club ecuestre y cómo uno de los instructores me dijo que podía pasar tiempo con los caballos a cambio de trabajar los fines de semana en las caballerizas.

"¡Ahora sé que los sueños sí pueden hacerse realidad!".

Detective del lenguaje

¿Qué función cumplen los paréntesis en la oración subrayada?

Resumir

Usa los detalles más importantes de *Quiero montar a caballo* para resumir el cuento. Usa el organizador gráfico como ayuda.

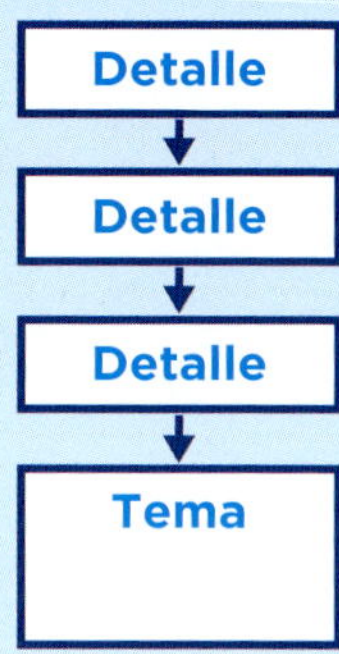

Evidencia en el texto

1. ¿Cómo sabes que *Quiero montar a caballo* es ficción realista? Identifica dos características del cuento que te permitan determinarlo. **GÉNERO**

2. ¿Cuál es el tema de este cuento? ¿Cómo las acciones de la bibliotecaria ayudan a transmitir el tema? **TEMA**

3. ¿Qué significa *suelo* en la página 4? ¿Cuál es otro significado de la palabra? ¿Qué claves de contexto te ayudaron a determinar el significado de esta palabra? **HOMÓGRAFOS**

4. Escribe cómo el cambio de actitud de la señora Miller hacia Ángela, en las páginas 9 y 10, ayuda a transmitir el tema de este cuento. **ESCRIBIR SOBRE LA LECTURA**

Género Poesía

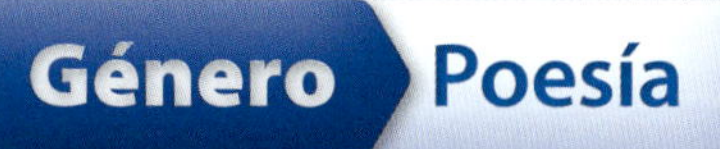

Compara los textos

Lee dos poemas acerca de cómo se logran los objetivos.

Molino de viento

Ángela María Pérez Beltrán

(poeta colombiana)

Una soleada mañana de enero,
me despertó un viento travieso,
que me llevó lejos de mi campo de ensueño.

Empecé a volar y a flotar por los aires.

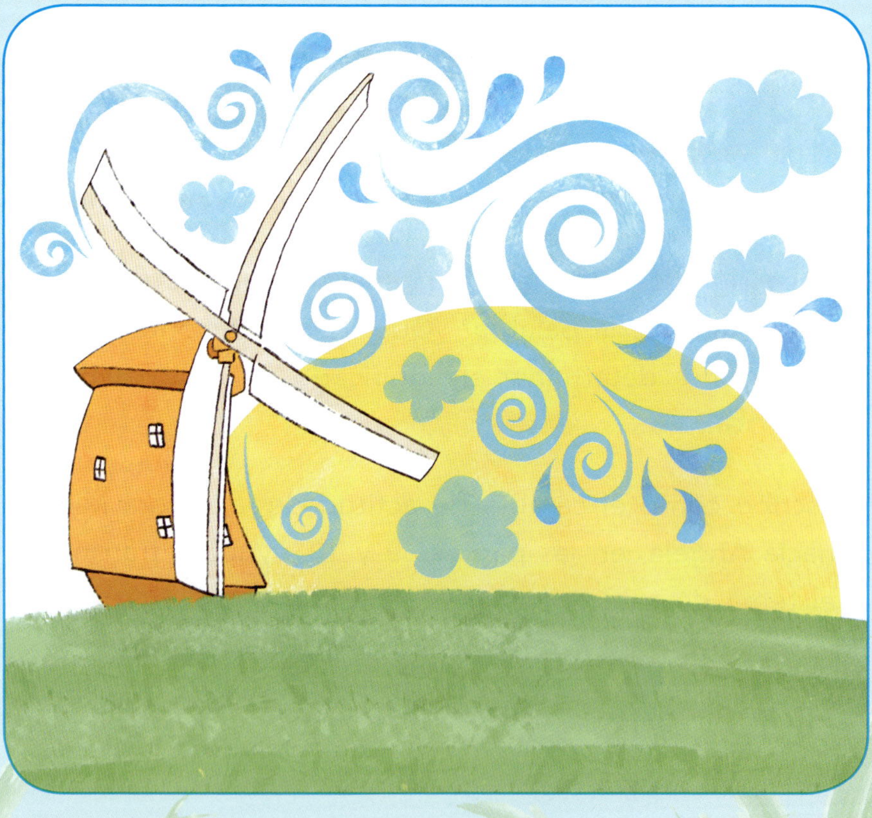

Viajaba distraído y tropecé con dos vientos.
"Soy el viento del Este y tengo un aliento seco".
"Yo soy el del Oeste y muevo las nubes cuando quiero".
Los dos soplaron con fuerza y trastornaron mi vuelo.
Y yo, pequeño molino, no quería ir con ellos.
Quería ser libre para viajar por el cielo.

Cansado de tanto viaje, bajó a un campo de cerezos.
Mis aspas bailaron al compás, ¡qué gran embeleso!
A pesar de estar muy quieto, sigo esperando un suceso:
que me visite de nuevo el gran viento travieso.

Idilio de abril

Juan Ramón Jiménez

(poeta español)

Los niños han ido con Platero al arroyo de los chopos, y ahora lo traen trotando, entre juegos sin razón y risas desproporcionadas, todo cargado de flores amarillas. Allá abajo les ha llovido —aquella nube fugaz que veló el campo verde con los hilos de oro y plata [...]—. Y sobre la empapada lana del asnucho, las campanillas mojadas gotean todavía.

¡Idilio fresco, alegre, sentimental! ¡Hasta el rebuzno de Platero se hace tierno bajo la dulce carga llovida! De cuando en cuando, vuelve la cabeza y arranca las flores a que su bocota alcanza. Las campanillas, níveas y gualdas, le cuelgan, un momento, entre el blanco babear verdoso y luego se le van a la barrigota cinchada. ¡Quién, cómo tú, Platero, pudiera comer flores..., y que no le hicieran daño! [...]

Haz conexiones

¿Qué sueño quiere realizar el molino de viento? **PREGUNTA ESENCIAL**

Según *Quiero montar a caballo* y "Molino de viento", ¿cómo se alcanza un objetivo? **EL TEXTO Y OTROS TEXTOS**

Enfoque: Elementos literarios

Rima y repetición Algunas personas creen que los poemas siempre tienen rima y que debe estar al final de verso. Aunque el verso libre no usa un modelo de rima fija, algunas veces los poetas usan una rima interna para darle ritmo al poema. Los poetas también usan la repetición que le da ritmo al poema y fuerza al lector a detenerse o a resaltar una idea importante.

Lee y descubre En el poema "Molino de viento", las oraciones cortas hacen que el lector se detenga en las palabras y en las oraciones. Así se obtiene la musicalidad.

En el primer párrafo de "Idilio de abril" (página 22): "Los niños han ido con Platero al arroyo de los chopos, y ahora lo traen trotando, entre juegos y risas desproporcionadas, todo cargado de flores amarillas". Hay palabras como arroyo, chopos, risas y flores amarillas. Esta es una característica de las narraciones líricas, en las que hay musicalidad sin necesidad de recurrir a la rima.

Tu turno

Haz un poema corto y divertido, usando máximo 30 palabras, rima y repetición. Utiliza al menos dos palabras para la rima y repite al menos una palabra o frase. Tu poema necesita tener sentido, una idea principal, una descripción o un sentimiento. Después escribe varios poemas y escoge tu favorito para ilustrarlo.